원종우 글

내 이름은 원종우. 흔히 파토쌤이라고 불리죠. 사람들에게 과학을 쉽게
설명하는 일을 하고 있어요. 여러분이 어릴 때부터 과학에 관심을 갖고
그 관심이 어른이 되어서도 식지 않았으면 하는 바람으로
《엉뚱하지만 과학입니다》를 쓰고 있어요. 내가 그랬던 것처럼요.
라디오나 TV에서 과학 이야기를 자주 하고, 〈과학하고 앉아있네〉와 같은
과학 팟캐스트도 하고 있어요. 《태양계 연대기》와
《나는 슈뢰딩거의 고양이로소이다》 같은 공상 과학 소설도 썼답니다.

최향숙 글

재미있는 이야기를 지어내는 걸 좋아해서 동화를 쓰기 시작했어요. 그동안
과학책으로는 《겁쟁이 공룡 티라노사우루스》, 《우글와글 미생물을 찾아봐》,
《우리 집 부엌이 수상해》 등을 썼지요. 《엉뚱하지만 과학입니다》 시리즈를 생각해 낸 건,
영재 학교에 다니는 고등학생 아들 덕분이에요. 엉뚱한 상상이 없으면
기발한 생각도 나오기 힘들다는 걸 깨닫게 해 주었거든요.
여러분이 어릴 때부터 엉뚱한 생각을 많이 하기를 바라는 마음으로 이 책을 기획하고 썼답니다.

정민영 그림

안녕하세요. 삽화가 정민영입니다. 때론 재미있고 때론 조금 어려운 생각과 글이
한 장의 그림으로 '짠!' 하고 보이는 순간이 즐거워 그림을 그리게 되었습니다.
《황당하지만 수학입니다 ② 하루에 거짓말 몇 번이나 하니?》에 이어
《엉뚱하지만 과학입니다》로 여러분을 만나게 돼서 정말 기뻐요.
《십대를 위한 경제 교과서》, 《보통의 우리가 알아야 할 과학》,
《중학 독서평설》에서도 제 그림을 만날 수 있답니다.

와이즈만 영재교육연구소 감수

창의 영재수학과 창의 영재과학 교재 및 프로그램을 개발했습니다.
구성주의 이론에 입각한 교수학습 이론과 창의성 이론 및 선진교육 이론 연구 등에도
전념하고 있습니다. 국내 최고의 사설 영재교육 기관인 와이즈만 영재교육에
교육 콘텐츠를 제공하고 교사 교육을 담당하고 있습니다.

엉뚱하지만 과학입니다

6 캔 우유나 팩 콜라는 왜 없지?

와이즈만 BOOKs

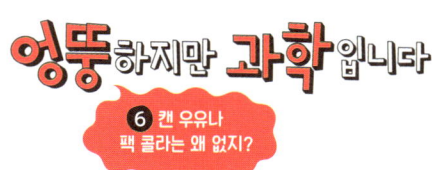

1판 1쇄 인쇄 2023년 8월 5일 | 1판 3쇄 발행 2025년 6월 20일

글 원종우 최향숙 | 그림 정민영 | 감수 와이즈만 영재교육연구소
발행처 와이즈만 BOOKs | 발행인 염만숙 | 출판사업본부장 김현정 | 편집 김예지 양다운 이지웅
기획·진행 CASA LIBRO | 디자인 포맷 SALT&PEPPER Communications
디자인 퍼플페이퍼 | 마케팅 강윤현 백미영 장하라

출판등록 1998년 7월 23일 제1998-000170 | 제조국 대한민국
주소 서울특별시 서초구 남부순환로 2219 나노빌딩 5층
전화 마케팅 02-2033-8987 | 편집 02-2033-8928 | 팩스 02-3474-1411
전자우편 books@askwhy.co.kr | 홈페이지 books.askwhy.co.kr | 사용 연령 8세 이상ISBN
979-11-92936-19-2 74410 979-11-92936-18-5(세트)

©2023, 원종우 최향숙 정민영 CASA LIBRO
이 책의 저작권은 원종우,최향숙, 정민영, CASA LIBRO에게 있습니다.
저자와 출판사의 허락 없이 내용의 일부를 인용하거나 발췌하는 것을 금합니다.

잘못된 책은 구입처에서 바꿔 드립니다.

와이즈만 BOOKs는 (주)창의와탐구의 출판 브랜드입니다.
KC마크는 이 제품이 공통안전기준에 적합하였음을 의미합니다.

엉뚱하지만 과학입니다

6 캔 우유나 팩 콜라는 왜 없지?

원종우·최향숙 글 | 정민영 그림
와이즈만 영재교육연구소 감수

과학
좋아하니?

'과학' 하면 고개부터 떨구는 친구들이 있어.
외워야 할 것은 많고, 원리는 복잡하고 어렵게만 느껴지지.
게다가 과학의 탐구 대상은 눈으로 보기 힘든 것들이 많아.
모든 것을 지구 중심으로 끌어당기는 힘이 중력이라는데,
중력이 보여? 우리 몸속에 우주의 별만큼 많은 미생물이 있다는데,
믿어져? 이렇게 눈에 보이지도 않는 것을 탐구하는 게
결코 쉬운 일은 아니지.

그런데 중력은 눈에 보이지 않지만, 우리에게 정말 중요해.
우리가 땅에 발을 디디고 살 수 있는 것도, 지구에 대기가 존재해
우리가 숨을 쉴 수 있는 것도, 다 중력 덕분이니까.
또 미생물을 볼 수는 없지만, 미생물을 연구해야
병을 고칠 수 있고, 다양한 전염병에 대처할 수 있어.
과학은 결코 포기할 수 없고, 포기해선 안 되는 학문이야.

> 편의점 속 과학을
> 알아볼까?

그래서 어떻게 하면 과학을 쉽게 접근해서 재미있게 공부할 수 있을까?
하는 생각으로 《엉뚱하지만 과학입니다》를 쓰기 시작했어.
1~5권은 이그노벨상을 수상한 과학자들의 연구를
물리, 화학, 생물, 지구과학, 생활과학 다섯 분야로 나누어 알아봤지.
지금부터는 우리가 생활하는 공간을 중심으로,
엉뚱하지만 재미있고 흥미로운 과학 이야기를 풀어 보려고 해.

초등학생들이 가장 좋아하는 공간 다섯 곳을 뽑았지.
그 첫 번째는 바로 '편의점'이야.
편의점에서 우리가 즐겨 먹는 과자나 음료, 간식은 물론
편의점이란 공간 안에서도 엄청난 과학을 찾아낼 수 있거든.
어쩌면 너를 꼭 닮은 친구 '나'와
앉으나 서나 과학하는 '파토쌤'과 함께,
엉뚱하지만 재미있고 흥미로운 과학의 공간으로 들어가 보자고.

차례

1 왜 그 얼음이
   더 달고 맛있을까? ······································· 9
   편의점 얼음 맛의 비결은? ····························· 13

2 내가 산 게
   과자야, 공기야? ··· 17
   질소, 넌 누구냐? ·· 21

3 지금 우리에게 필요한 건? ····························· 25
   그때그때 다른 물이 필요해! ························· 29

4 쿠푸팬더가 가장 갖고
   싶은 전자제품은? ······································· 33
   전자레인지의 비밀을 알려 주마 ··················· 37

5 예쁜 누나가
   먹는 밥은? ·· 41
   칼로리는 먹어야 생겨! ································ 45

6 어떻게 3분 만에 익지? · 49
　3분 요리의 과학 · 53

7 캔 우유나 팩 콜라는 왜 없지? · · · · · · · · · · · · · · · · 57
　편의점에서 절대 볼 수 없는 것 · · · · · · · · · · · · · · · · · 61

8 까만 막대와 빨간 불빛의 비밀 · · · · · · · · · · · · · · · · 65
　정체를 밝혀라, 바코드와 QR 코드! · · · · · · · · · · · · 69

9 잡았다, 요 녀석! · 73
　사각지대가 놓친 맹점 · 77

10 형이 창피하대요! · 81
　IC 칩의 비밀 · 85

교과 연계가 궁금해요
용어가 궁금해요
사람이 궁금해요

주인공이 궁금해요

파 토 쌤

누구인지,
뭘 하는 사람인지 알 수 없는
수상하고 이상하고 괴상한 사나이.
동시에 엉뚱하고 기발하고
언제나 과학하고 앉아 있는,
가끔 서 있기도 하는
괴짜 선생님!

나

초등학교 4학년.
**호기심 가득,
솔직함 빵빵, 실행력은 으뜸!**
이그노벨상을 받은
엉뚱한 과학 이야기를 알고부터
과학에 관심 급증!

1
왜 그 얼음이
더 달고 맛있을까?

토요일 아침부터 나는 편의점 앞에 쭈그리고 앉았어.

"쌤, 놀랐잖아요!"
"뭘 하고 있었길래?"
나는 당당한 눈빛으로 쌤을 바라봤지.
"얼죽아가 진짜 많은지 관찰하고 있었어요."
"그게 뭐야?"
"**얼**어 **죽**어도 **아**이스아메리카노! 모르세요?"
"난 또 뭐라고!"
나는 편의점으로 들어가 컵 얼음을 하나 사 왔어.

나는 얼음 한 알을 꺼내 혀끝으로 맛을 봤지.
"역시 예상대로예요!"
"뭐가?"
"얼음이 아주 맛있어요! 집 냉장고 얼음은 맛이 좀……, 냄새가 밴 것 같은 맛이랄까?"
나는 커다란 발견이라도 한 듯 말을 이었어.
"이 얼음 맛 덕분에 추운 겨울에도 카페나 편의점에서 아이스아메리카노가 잘 팔린다고요."

쌤은 고개를 끄덕이셨어.
하지만 뭔가 아쉬운 듯한 표정이었지.
"집 냉장고는 얼음만 보관하는 게 아니니까
얼음을 얼릴 때 다른 음식의 냄새가 섞일 수 있지.
하지만 편의점이나 카페의 얼음이 맛있는 이유가
냄새 때문만은 아니야.
제빙 과정에도 과학이 숨어있지."

편의점 얼음 맛의 비결은?

편의점 얼음은 집에서 얼린 얼음보다 단단해서
음식 속에서 잘 녹지 않아. 그래서 음식이 더 맛있지.
얼음 녹은 물로 음식 맛이 흐려질 수 있거든.
게다가 맑고 투명해서, 더 맛있어 보여.

편의점 얼음이 더 단단하고 투명한 까닭은
제빙 과정이 우리 집 냉장고와 다르기 때문이야.

제빙 공장 얼음은 엄청나게 크게 만드네요!

맞아! 큰 얼음을 용도에 맞게 잘라서 편의점 등으로 보내는 거야.

먼저, **물을 얼리는 온도가 달라.**
집 냉장고의 냉동고는 보통 영하 20도 정도를 유지해.
반면 제빙 공장에서는 0도 정도에서 물을 얼리기 시작해서
영하 10도까지 온도를 낮추는 데 거의 48시간이 걸려.
낮은 온도에서 천천히 얼리는 거지.

우리 집 냉장고 얼음

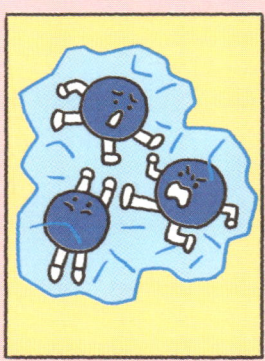

제빙 공장의 얼음

또 물을 순환시키면서 얼려. 그러면 얼음 속 공기가 차지하는 공간이 줄어서 투명한 얼음이 되지.

얼음을 얼릴 때 한 가지 주의해야 해.
용기에 물을 꽉 채워서 얼리면 나중에 곤란할 수 있거든.
유리나 플라스틱 용기라면, 터질 수 있어.

물은 얼면 부피가 커지거든.

2
내가 산 게
과자야, 공기야?

청출어람이 무슨 뜻인지 알아?
'쪽에서 뽑아낸 푸른 물감이 쪽보다 더 푸르다.'
라는 뜻이야.
제자가 스승보다 나음을 비유적으로 표현한 사자성어지.

청출어람을 기념해서, 쌤이 과자를 사 주셨어!
우리는 곧 과자 파티를 시작했어.
그런데 과자 봉지가 왜 이렇게 안 뜯기는 거야?

어쨌든 쌤의 도움으로 과자 봉지 개봉 성공!
그런데, 애개 이게 뭐야?

"과자가 부서지지 않게 하려고 공기를 넣은 건 알겠는데,
너무해요! 과자를 산 게 아니라 공기를 산 것 같아요."
내가 툴툴거리는데, 쌤이 고개를 가로저으셨어.

나는 갑자기 궁금해졌어.
"왜 산소를 안 넣었을까요?
뜯을 때마다 산소가 나오면 얼마나 좋아요!"
내 말에 쌤은 화들짝 놀라셨어.
"그랬다가는 큰일 날 수 있어!"
산소는 우리가 항상 마시는데 왜 큰일이 나지?

우리가 보통 공기라고 부르는 건 사실은 *대기야.
대기란 지구를 둘러싸고 있는 기체의 층을 형성하는
여러 종류의 기체를 통틀어 말하지.

대기에 가장 많은 기체는 무얼까?
신기하게도 과자 봉지에 들어 있는 질소야!
그다음이 바로 산소고. 이 둘이 99퍼센트를 차지하기 때문에
양으로만 보면 사실 공기의 전부나 다름없어.

*책 마지막 장에서 더 자세한 정보를 확인해 보세요.

그런데 왜 과자 봉지에 산소를 넣으면 안 될까?

산소는 여러 물질과 반응을 아주 잘해.

우리 몸 안에서는 음식물 섭취로 만들어진 포도당과 반응해서, 물과 이산화 탄소로 분해되면서 에너지를 만들어 내지.

또 금속을 녹슬게 하고,
세균과 힘을 합쳐 음식을 쉬거나 썩게 만들기도 해.
더 큰 문제는, **산소는 불이 아주 잘 붙는다**는 거야.
그러니 만약 과자 봉지에 산소를 채워 두면 어떻게 되겠어?

질소는 다른 물질과 잘 반응하지 않아.

질소와 과자를 오래 함께 둬도 과자 맛이나 식감은 그대로야.
또 제일 많은 기체니까 그만큼 비용도 적게 들고.

그런데 지구에 왜 이렇게 질소가 많을까?

2014년 로제타 탐사선이 67P/추류모프-게라시멘코 혜성에 도착해서 많은 물과 산소를 찾아냈지만, 질소는 거의 없었어.

그 이유는 아직 정확히 몰라!
다만 다른 물질과 반응을 잘하지 않는 성질 때문이 아닐까 싶어.
반응하지 않으면 변하지도 않으니
그만큼 오래 남아 있을 수 있지.

대기 중 요즘 우리의 관심을 끄는 기체가 있지?
바로 이산화 탄소야.

이산화 탄소는 식물이 **광합성**을 해서 **에너지를 생산**하는 데 없어서는 안 될 원료야.
식물이 광합성을 하지 못하면
동물과 우리는 뭘 먹고 살겠어?

하지만 **기후 위기의 주범**으로도 꼽히고 있지.

3
지금 우리에게 필요한 건?

오랜만에 친구들과 축구 시합을 했어.
와, 어찌나 더운지!

우리는 곧장 편의점으로 달려갔어.
그러고는 음료수 냉장고 앞에 섰지.

그제야 드는 생각!
"너희 돈은 있냐?"
모두 가진 돈을 다 꺼냈어.

나는 합리적인 대안을 내놓았지.
"3,500원으로 이거 사서 나눠 먹자!"

우리는 옥신각신했어.
누구도 자신의 고집을
굽히지 않았지.
그때 마침 들어오는 한 사람!

"쌤, 이렇게 운동하고 나서는 미네랄워터가 최고죠?"
나는 쌤이 고개를 끄떡이시길 바라는 마음으로 말했어.

이온 음료부터 알아볼까? 스포츠음료라고도 하는데, 물에 녹으면 전기 성질을 띠는 **전해질**을 넣은 음료야. 몸속 전해질이 일정한 농도를 유지해야 건강도 유지할 수 있어.

주요 전해질과 기능	
나트륨	체내 삼투압 조절, 신경 자극 반응
칼륨	체내 삼투압 조절
칼슘	신경 자극 반응, 심장 근육의 움직임
염소	체액과 전해질의 균형 유지

격렬한 운동을 하고 나면 땀을 통해 이 전해질이 빠져나와. 또 장염이나 식중독 등으로 심한 설사를 할 때도 전해질이 부족해지니 이온 음료가 도움이 될 거야.

비타민 음료는 비타민 C가 들어 있는 음료야.
비타민 B나 엽산, 칼슘 등이 들어가기도 하지.

운동을 지나치게 하면 우리 몸에 활성 산소가 생겨.
활성 산소는 일종의 독이라서 DNA를 공격하는데,
비타민 C가 이를 막아 줘. **항산화 작용**이라고 하지.

하지만 비타민 음료에 들어 있는 비타민의 양이 많지 않아. 게다가 대부분 당분과 색소도 들어 있어. 이 점은 이온 음료도 마찬가지야.

미네랄워터의 미네랄 성분은
우리 몸이 제 기능을 하기 위해 꼭 필요한 영양소야.

대표 미네랄과 기능

미네랄	주요 기능
칼슘	골격·치아 형성, 혈액 응고, 근육의 수축과 이완
인	영양소의 흡수와 운송
나트륨	근육·신경 자극 반응, 아미노산 흡수에 관여
칼륨	체액의 삼투압 조절
마그네슘	신경 자극, 근육의 긴장·이완
⋮	

하지만 운동 후에 먹는다고
큰 도움이 되지는 않을 거야.
미네랄워터는 지친 몸에 에너지를
바로 채워 주진 못 하거든.

마지막으로 **생수**를 알아볼까?
우리나라에서 유통되는 생수는 대부분
지하 바위층 아래에서 끌어올리는 암반수야.
강물이 지하로 스며들면서 오염 물질이 걸러지고,
암석과 반응하면서 자연적으로 **미네랄**이 들어가게 돼.
색소나 당분 등 **첨가물이 없으니**, 언제든 마셔도 좋아!

4
쿠푸팬더가 가장 갖고 싶은 전자제품은?

파토쌤은 한 번 일을 시작하면, 엄청나게 집중해서.
그것도 몇 날 며칠을!
쌤이 일을 마치시면 나도 덩달아 신나더라!

판다쌤 아니, 파토쌤이 이번 일은 너무너무 힘드셨나 봐.

입에서 군침이 꼴깍꼴깍 넘어갔어!

"내가 쿵푸팬더보다 다양한 방법으로 먹을걸!"
"네?"
내가 알 수 없다는 표정을 짓자,
쌤이 자랑하듯 말씀하셨어.
"쿵푸팬더는 만두를 찌거나 삶아서만 먹지만,
나는 찌고 삶고…… **전자레인지**에 돌려서도 먹잖아!"
듣고 보니 그럴듯했어.

파토쌤이 알려 주마

전자레인지의 비밀을 알려 주마

전자레인지는 영어로 마이크로웨이브(마이크로파) 오븐이라고 하는데,
마이크로파로 음식을 데우거나 익히는 조리 도구야.
우리가 사는 세상은 전기장과 자기장으로 둘러싸여 있어.
이 둘 사이에서 나오는 파동을 전자기파라고 해.

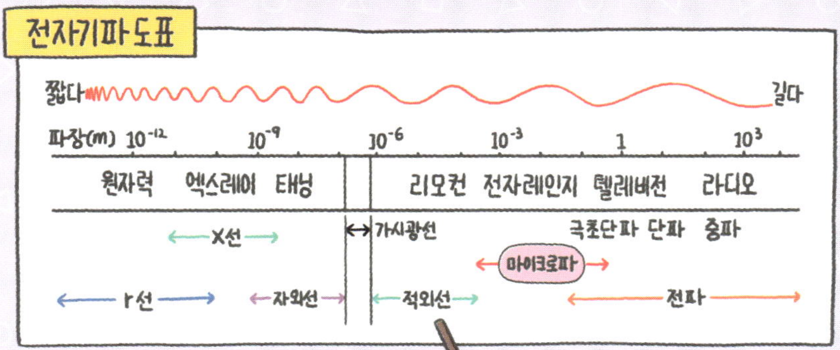

전자기파 도표

짧다 ～～～～～～～～～～～～～～～～ 길다

파장(m)	10^{-12}	10^{-9}	10^{-6}	10^{-3}	1	10^{3}
	원자력	엑스레이 태닝	리모컨	전자레인지	텔레비전	라디오

← X선 → ← 가시광선 극초단파 단파 중파
← r선 → ← 자외선 → ← 적외선 → ← 마이크로파 →
← 전파 →

그중에는 마이크로파도 있고,
가시광선도 있어.
우리는 전자기파로
세상을 보는 것은 물론,
생활에 다양하게 이용하고 있지.

냠냠냠

전자레인지는 어떻게 음식을 데우거나 익힐까?

음식에는 물이 들어 있어.
물은 H_2O, 즉 수소 2개와 산소 1개로 이루어진 *화합물인데,
물 분자는 아래 왼쪽 그림처럼 생겼어.
건전지처럼 + 성질과 - 성질이 양쪽으로 나뉘어 있지.

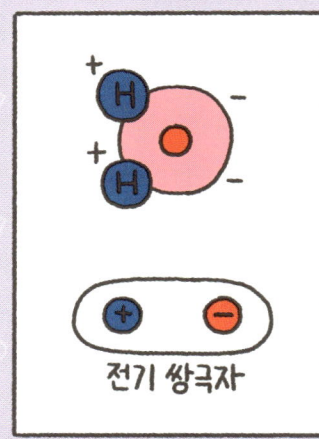
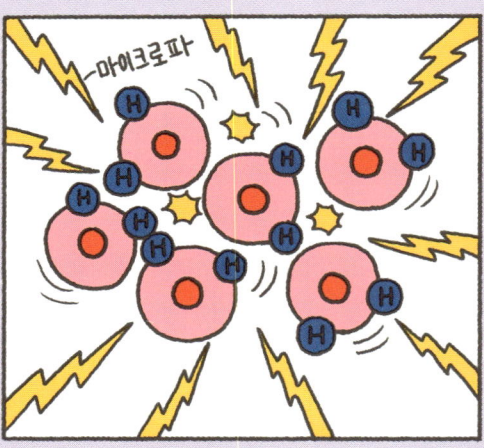

그래서 **물 분자**에 **마이크로파**를 쏘면,
물 분자들이 회전하면서 서로 충돌하게 돼.
그 바람에 **열**이 발생하지.
전자레인지는 그 열로 음식을
데우거나 익히는 거야.

전자레인지는 우연히 발명됐어!
무기를 개발하는 과학자 *퍼시 스펜서가 전자기파를 이용해
적의 위치를 파악하는 레이더를 만들고 있었어.
어느 날, 스펜서의 주머니에 들어있던
초코바가 녹아 버린 거야.
덥지도 않고 옷도 멀쩡한데 말이야!

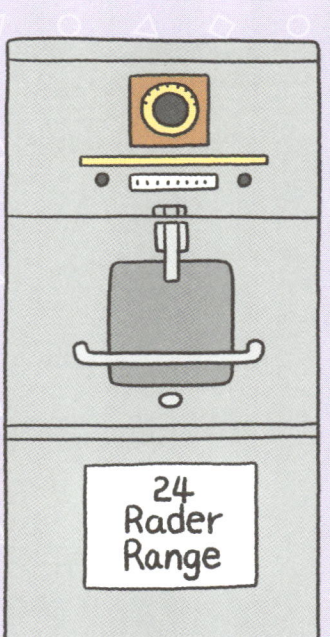

여러 실험을 통해 스펜서는 모든 것이
마이크로파 때문임을 깨닫게 됐지.
덕분에 **마이크로파를 이용한 새로운 조리 기구**를
발명했어.

하나 더 전자레인지를 쓸 때

금속 포장지나 용기, 알루미늄으로 된 쿠킹 포일 등을 넣어선 절대 안 돼.

전자기파 때문에 유도전류가 발생해서 불꽃이 일어나 불이 붙을 수도 있거든.

5
예쁜 누나가 먹는 밥은?

우리 위층 집에 중학생 누나가 있어.
가끔 엘리베이터에서 마주치곤 하는데
누나가 좀 많이 예뻐.

그 예쁜 누나를 오늘은 편의점에서 만났네!

그런데 누나가 한참 동안 삼각김밥을
이거 들었다 저거 들었다 이리 보고 저리 보는 거야.

"식품을 선택할 때 봐야 하는 거 말이야.
유통 기한이 지나지 않았는지,
어떤 재료로 만들었는지!
칼로리가 얼마인지도!"
나는 고개를 끄덕이다 마지막 말에 갸우뚱했어.

나는 그길로 쌤께 달려갔어.
"쌤, **칼로리가 뭐예요**?"
식사 중이던 쌤이 식탁을 가리키시네.
"칼로리? 지금 내가 먹고 있는 것들!"
도대체 무슨 말씀이지?

칼로리는 먹어야 생겨!

파토쌤이 알려 주마

우리가 생명을 유지하고 생활하려면 에너지가 필요해. 우리가 지금 말하는 **칼로리는 음식으로부터 얻는 에너지**로, **열량**이라고도 해.

1 Kcal
= 1 Cal
= 1,000 cal

밥, 빵, 과자, 음료수 같은 것들은 물론이고 인체에 꼭 필요한 미네랄과 비타민 등등……. 그런데 우리가 먹는 모든 것에서 칼로리를 얻을 수 있을까? 그렇지 않아.

칼로리(cal)라는 단위는 1기압에서 물 1그램의 온도를 1도 올릴 때 필요한 에너지의 양이야. 그런데 우리가 먹는 음식의 열량을 표기할 때는 맨 앞의 C가 대문자인 칼로리(Cal)를 써. 이건 킬로칼로리, 즉 칼로리의 1천 배인데 습관적으로 그냥 칼로리라고 불러.

우리가 **칼로리**를 얻을 수 있는 건 오직 세 가지 성분이야.
탄수화물, 단백질, 지방!

예전에는 먹을 것이
부족했기 때문에
충분한 칼로리를
섭취하는 게 어려웠어.

그런데 지금은 먹을 게 남아도니까
대부분 사람이 권장량 이상의 칼로리를 섭취하고 있어.

권장 칼로리는 나이와 성별에 따라 달라.

성인 기준 하루 권장 섭취 칼로리

2,600 kcal   2,100 kcal

청소년 기준 하루 권장 섭취 칼로리

2,500~2,700 kcal   2,000 kcal

이보다 더 많은 칼로리를 섭취하면, 살이 찌게 돼.
그래서 칼로리가 높은 치킨, 피자,
햄버거와 같은 음식을
많이 먹지 말라는 거야.

햄버거 400~500 kcal
감자튀김 400~500 kcal
콜라 95 kcal

피자 한 판 3,200 kcal
(400 kcal × 8조각)

치킨 반 마리 1,060 kcal

과자의 칼로리도 엄청나게 높아.
밥과 고기를 먹는 것보다 더 높다니까!

100g 당 칼로리

587kcal 586kcal 585kcal 331kcal

218kcal

546kcal 536kcal 523kcal 200~300kcal

6
어떻게 3분 만에 익지?

"그래, 칼로리 없이는
일도 못 하니까!"
쌤은 먹을 것을 찾으러
부엌으로 가셨지.
하지만 곧 한숨 섞인
말이 들려왔어.
"밥이 없다!"

"이럴 땐 편의점!"
내가 소리치자, 쌤도 기다렸다는 듯 지갑을 챙기셨어.

나는 삶은 달걀을 먹으면서도,
시계에서 눈을 떼지 않았어.
탱탱하고 쫄깃한 면발의
컵라면을 먹겠다는 의지로!
5, 4, 3, 2, 땡!
드디어 컵라면 개봉!

후루룩, 라면을 먹는데 문득 드는 생각!
"봉지 라면은 팔팔 끓는 물에
4~5분 넘게 끓여야 하는데,
컵라면은 어떻게 끓은 물을 부으면 3분 만에 익을까요?"
쌤이 컵라면을 탁자에 내려놓으며 말씀하셨지.

왜 차이가 날까?
그건 **면이 다르기 때문**이야.

컵라면 면발은 봉지 라면 면발보다 얇아.
얇아야 빨리 익으니까!
또 봉지 라면은 밀가루를 주성분으로 감자 전분 가루를 섞지만
컵라면은 감자 전분을 주성분으로 만들어.
감자 전분이 밀가루보다 빨리 익거든.

또 컵라면 안의 면은 용기 중간에 떠 있어.
왜 그럴까?
공기든 물이든, 온도가 높을수록 가벼워.
뭐든, 가벼우면 위로 떠오르잖아?

컵라면에 물을 부었을 때도 마찬가지야.
위쪽이 더 뜨거우니까, 면이 위에 있으면 더 잘 익지.
그래서 면을 용기 중간에 떠 있도록 넣은 거야.

게다가 컵라면의 면은
위쪽은 좀좀한데, 아래쪽은 성글어.
뜨거운 물은 위쪽으로 올라온다고 했지?
그래서 뜨거운 물이 잘 올라오라고
아래쪽을 성글게 만든 거야.

어머
나 왜 이렇게
계속 먹니?

용기 역시 보온이 잘 되는 재질로 만들어.
종이로 만들 때는 보온을 위해 이중으로 만들어.

컵라면에 뜨거운 물을 부으면
안쪽이 바깥쪽보다 훨씬 온도가 높아지겠지?
그런데 **물이든 공기든,
열은 높은 곳에서 낮은 곳으로 이동**하잖아.
그래서 용기 안의 열도 밖으로 이동하려고 하는데,
중간의 공기층이 열이 이동하는 걸 막아 주거든.

종이가 이중이라
열이 이동하기
어렵구나!

추운 겨울, 두꺼운 옷 하나를 입을 때보다
얇은 옷 여러 개를 겹쳐 입으면 더 따뜻한 것과 같은 이치지.

옷과 옷 사이 **공기층**이 생겨서
열이 빠져나가는 걸 막아 주잖아.

7
캔 우유나 팩 콜라는 왜 없지?

편의점에 아르바이트 형이 새로 왔어.

그리고 당당하게 계산대로 가서 물었지.
"형, 여긴 팩 콜라 없어요?"

형은 한참 만에 고개를 가로저었어.
"없는 것 같은데?"
난 난처한 표정을 지으며 다시 물었어.
"그럼, 캔 우유는 있어요?"
형은 인상을 찌푸렸어.
"캔 우유? 그런 우유도 있나?"

나는 비어져 나오는 웃음을 참고 참다,
편의점 문 앞에서 소리쳤어.
"사실 저도 아직 팩 콜라나 캔 우유는 못 봤어요!"
그제야 형은 내가 놀린 걸 알아챘지.

먼저, 캔 우유는 왜 없을까?

우선 **온도 때문**이야.
우유는 쉽게 상하니까 반드시 냉장 상태로 유통해야 해.
그런데 캔은 알루미늄으로 만들어져서 **열전도율**이 높아.
잠깐만 냉장고 밖에 둬도 미지근해져서 상할 수 있어.

또 캔은 알루미늄이나 주석 등의
금속으로 만드는데,
이런 금속과 우유가 만나면 서로 반응해서
부유물을 만들거나 부패하기 쉬워.
게다가 캔은 종이 팩보다 가격이 비싸.
우유는 유통 기한이 짧은데,
비싼 캔을 사용할 필요는 더더욱 없겠지?

열전도율은 열을 전달하는 성질을 말해.

반대로, 콜라 같은 탄산음료는
왜 값싼 종이 팩 대신 캔이나 플라스틱병에 담는 걸까?

콜라를 유통할 때 제일 중요한 건
탄산의 압력을 버텨 내는 힘이야.
캔은 그 압력을 버틸 만큼 충분한 힘이 있어.
하지만 종이는 그렇지 않지.

하지만 요즘은 환경을 중요하게 생각하잖아.
기존의 종이보다 훨씬 튼튼한 소재가 개발돼서,
종이 병에 담긴 콜라를 마시는 날이 곧 올지도 몰라!

페트병에 대해서도 알아볼까?

페트병에는 우유, 콜라, 주스, 물 뭐든 담을 수 있어.
그만큼 쓰임새도 많고 활용도가 높은 용기야.

우리가 페트병이라고 부르는 것들은 종류가 많으니,

표시마다 특징을 알고 알맞게 사용해야 해.

생수나 탄산음료용으로 가장 널리 사용돼.
하지만 박테리아가 증식할 수 있어서
한 번 쓰고 나면 바로 재활용품으로 버려야 해.
열을 가해서도 안 돼.

인체에 해가 없고 열에 강해서
전자레인지에도 넣을 수 있는 재질이야.

얇아서 비닐봉지나
일회용 장갑 등에
쓰이는데, 열에 약해서
재활용하기 어려워.

일회용 컵에 쓰여.
가열과 재활용은 안 돼.

OTHER는 그 외의 것들인데
성분을 잘 모르기 때문에
되도록 안 쓰는 게 좋아.

그런데 2020년 말부터 페트병에는
'무색페트'가 추가됐어.
이렇게 노란 그림으로 그려진 무색페트는
표면에 붙은 비닐을 떼어 내고
플라스틱이라고 적힌 것들과는
따로 배출해야 해.
그러면 고품질의 재생 원료가 돼서
의류, 가방, 신발 등으로 재생 가능하거든.

저도 이렇게 하면 무색페트처럼 활용도를 높일 수 있지 않을까요?

워워워~

8
까만 막대와
빨간 불빛의 비밀

팩 콜라, 캔 우유 사건 이후
아르바이트 형과 나는 오히려 친해졌어. 히히!
그래서 난 매일 편의점에 놀러가지.

빨간 불빛을 상품에 대면
삑 소리가 나면서 상품에 대한 정보가
컴퓨터에 입력이 되네!
형 덕분에 가까이서 보니까 더 신기한 거 있지!
이참에 형한테 부탁했어.
"나도 이 불빛 나오는 거 잡아 봐도 돼?"
형은 피식 웃으며 내 부탁을 들어 줬어.

나는 파토쌤께 바로 달려갔지.
"쌤, 어떻게 빨간 불빛을 까만 바코드에 가져다 대면 상품의 정보를 읽어내요?"
쌤은 바코드 하나를 보여 주며 말씀하셨지.
"바코드의 막대 모양 선과 숫자에 상품의 정보를 모두 넣어 놨거든."

바코드는 미국 발명가 *노먼 조셉 우드랜드라는 사람의 아이디어로 개발됐어.

바코드 원리 자체는 간단해.
검은색과 흰색 막대가 그려져 있는 바코드에 스캐너로 레이저를 비추면 흰색 부분에서만 빛이 반사돼 스캐너로 돌아와. 그 정보를 통해 검은색과 흰색의 굵기를 파악해서
*이진수로 된 숫자를 읽는 거야.

백색은 0, 검은색은 1, 두 배로 두꺼운 검은색은 11, 세 배로 두꺼운 검은색은 111…… 이런 식이지. 이 숫자 정보가 스캐너를 통해 컴퓨터에 전송되면 컴퓨터에는 그 숫자에 해당하는 제품의 정보가 나타나.

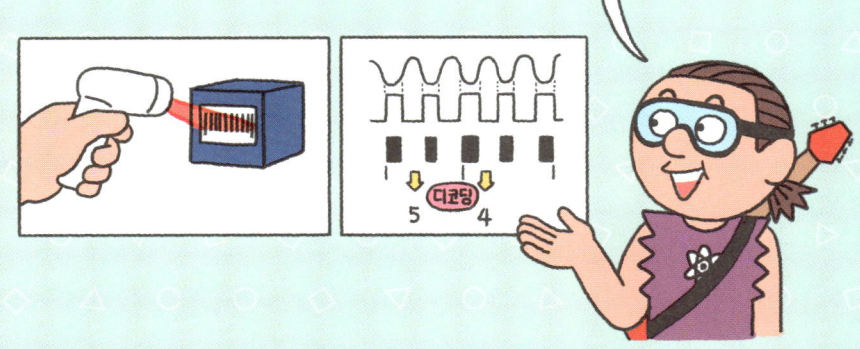

요즘은 **QR 코드**도 많이 쓰고 있어.
QR은 Quick Response(빠른 응답)의 줄임말이야.
일본 엔지니어 *하라 마사히로가 1994년에 개발했어.

QR 코드는 가로와 세로 양쪽으로 정보를 넣을 수 있어.
그래서 세로로는 정보를 넣을 수 없는
바코드보다 **훨씬 더 많은 정보**를 넣을 수 있어.
숫자는 최대 7,089자, 한글은 4,216자 정도 넣을 수 있지.

작은 사각형 안에 A4 용지 하나를
가득 채울 정도의 정보를 넣을 수 있는 거야.

또 짧은 음성과
동영상 정보도 넣을 수 있어.
게다가 QR 코드는
전용 스캐너 없이 스마트폰 카메라로
인식할 수 있다는 장점도 있어.

그래서 QR 코드를 바코드보다
훨씬 많은 영역에서 사용하고 있어.
상품의 QR 코드를 이용하면,
온라인 쇼핑몰로 즉시 연결돼서
바로 물건을 살 수도 있지.
게임 등 앱을 다운로드하는 데도
QR 코드를 이용하잖아?
항공권을 비롯한 탑승권도
QR 코드로 대체하고, 결제도 가능해.

신분증 대신 QR 코드를
몸에 그리고 다니면
편하지 않을까요?

살이 찌거나 빠지면
QR 코드 모양이
달라질 텐데…….

9
잡았다, 요 녀석!

오랜만에 쌤과 브런치를 먹으러 갔어.
편의점으로!
그런데 아르바이트 형의
표정이 안 좋네?

"CCTV 돌려 봤어?"
쌤의 물음에 형은 한숨을 내쉬었어.
"그럼요! 근데, 카메라에 찍히지 않는
사각지대에 있는 물건만 쏙쏙 빼간다는 거죠!"
"사각지대?"
내 질문에 쌤이 형 대신 답해 주셨어.

쌤은 편의점 안에 설치된 CCTV부터 살피셨지.
"저 CCTV의 각도를 바꿔 보지.
그럼, 사각지대도 바뀌어서,
좀도둑을 잡을 수 있을지도 몰라."
쌤의 제안에 형의 얼굴이 밝아졌어.
"아! 왜 그 생각을 못 했지?"

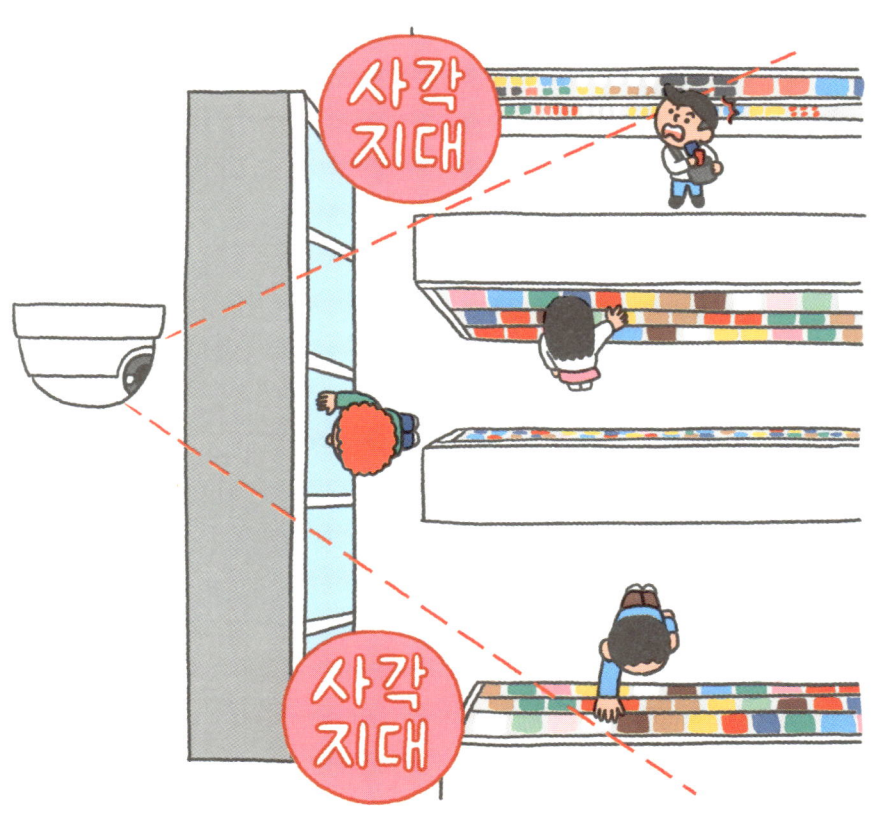

며칠 뒤, 편의점 사장님이
중학생 형들을 혼내고 계셨어.
사장님은 따끔하게 야단치고 형들을 돌려보냈어.
사장님은 쌤을 알아보고는 반갑게 달려와
감사 인사를 하셨어.

사각지대가 놓친 맹점

파토쌤이 알려 주마

사각지대란, 어느 위치에 섰을 때
우리 눈에 보이지 않는 각도를 말해.
자동차를 운전할 때도 수많은 사각지대가 생겨나지.
보통의 승용차에는 기본적으로
여섯 군데의 사각이 발생해.
전방 사각은 차 앞부분 엔진룸 앞쪽 아래에
가려지는 곳이고, 후방 사각은 트렁크 밑쪽이지.

필러 사각은 앞 유리를 받치고 있는 두꺼운 기둥 때문에 생겨나고, 사이드미러 사각은 거울 각도의 한계 때문에 발생해.

이런 문제를 해결하기 위해서 사이드미러에
보조 거울을 달거나 후방에 카메라를 장착하기도 해.
나아가 사이드미러를 카메라로 만들어서 사각을
아예 없애는 차들도 나오고 있어.

그런데, **우리 눈** 자체에도 **사각지대**가 있어.
뻔히 보여야 할 것 같은 것이
실제로는 보이지 않는 걸 말하는데,
이걸 맹점이라고 해.

맹점이 생기는 건
사람을 포함한 척추동물의 눈에
구조적 결함이 있기 때문이야.

사람마다 조금씩 다르지만,
오른쪽 눈만 뜨고 검은 점에 초점을 맞춘 후
책을 앞뒤로 천천히 움직여 봐.

+ 마크가 사라지는 곳이 반드시 있지. 바로 그 지점이 맹점이야.

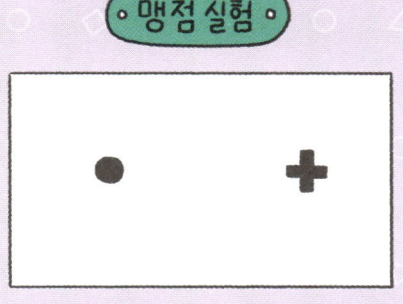

눈의 각도로 표현하면 아래와 같은 형태가 돼.
정면을 바라보면 좌우로 15도 정도에 **맹점**이 나타나지.

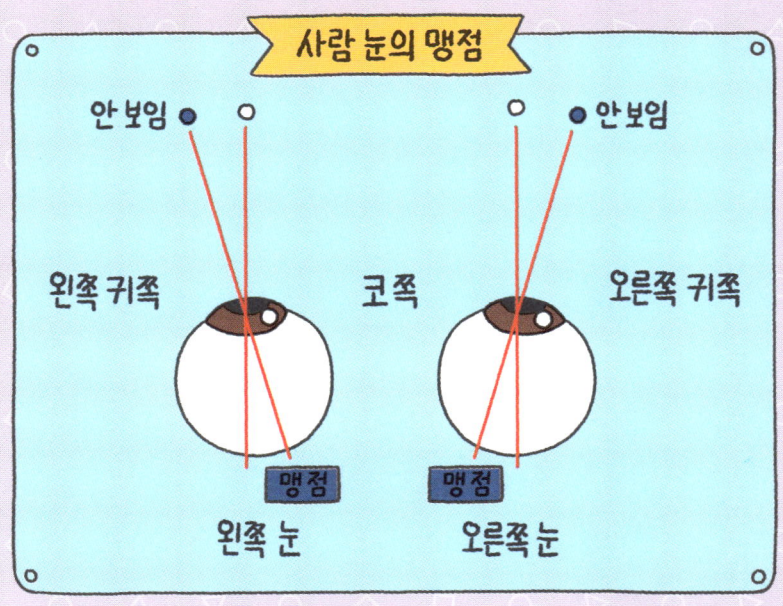

그런데 맹점은
뇌가 상을 처리하는 능력의 한계와도 관련이 있어.
아래 그림에는 선의 교차 지점에
검은 점 12개가 그려져 있어.
하지만 한 번에 보이는 점은
눈의 초점 주변 2, 3개…… 많아야 4개야.
아무리 노력해도 12개 점이 한 번에 보이지 않아.

이런 현상이 일어나는 건, 복잡한 형상에서는 뇌가 한 번에 인식할 수 있는 것에 한계가 있기 때문이야.

생각보다 우리는 많은 것을 보지 못하는 것 같아요…….

그걸 깨달았다니! 대단한데! 이제, 제대로 보기 위해 어떻게 해야 하는지, 그 질문을 갖고 세상을 봐 봐!

10
형이 창피하대요!

학교 마치고 집에 갔는데, 엄마가 안 계셔.
그런데 엄마 신용 카드는 있네!
마침 신용 카드로 해 보고 싶은 게 있었는데!

요거 정체가 정말 궁금했거든!

그런데 그때 엄마가 딱 들어오신 거야.
"어머, 너! 어머 어머, 얘 좀 봐!
여기다 신용 카드를 둔 내가 잘못이지. 아휴!"

난 슬금슬금 집을 빠져나왔어.

내 이야기를 들은 아르바이트 형이 말했지.
"너도 참! 그런 장난을 치면 어떡하니!
IC 칩만으로도 결제가 가능하단 말이야!
뉴스에서 IC 칩을 손톱에 붙이고 카드 리더기에
읽히는 걸 본 적이 있어!"

"헐! 진짜? IC 칩이 뭐길래?"
형은 이번에도
우물쭈물……,
그런데 바로 그때 또
편의점 문이 열리네!

도대체 형이 언제부터 쌤을 저렇게 반가워한 거지?
게다가 형은 쌤한테 폭풍 질문까지 했어.
"신용 카드에 부착된 IC 칩은 뭐예요?
그게 뭐길래, 그것만 있어도 결제를 할 수 있나요?"
나는 형의 말꼬리를 잽싸게 끊으며 말했지.
"하루에도 백 번 넘게 손님이 신용 카드로 결제하면서
IC 칩이 뭔지 잘 몰라서 창피하대요. 형이!"

신용 카드를 보면, 손톱만 한 노란 칩이 있지?
이게 바로 IC(Integrated Circuit) 칩이야.
보통 반도체 집적 회로라고 하지.

신용 카드의 IC 칩은
정보를 저장하고 시스템을 구동시키는 역할을 해.
IC 칩에는 카드 소유자의 개인 정보,
사용 명세 등이 저장되고,
또 카드 리더기로 결제할 수 있는 프로그램이 들어 있어.

신용 카드에는 IC 칩 외에도 **마그네틱 선**이라는
정보 저장 수단이 있어.
신용 카드 뒷면의 갈색 선이 바로 마그네틱 선이야.
통장 뒷면의 갈색 선이나 요즘은 흔하지 않지만
비디오나 카세트테이프의 갈색 선이 다 마그네틱 선이야.

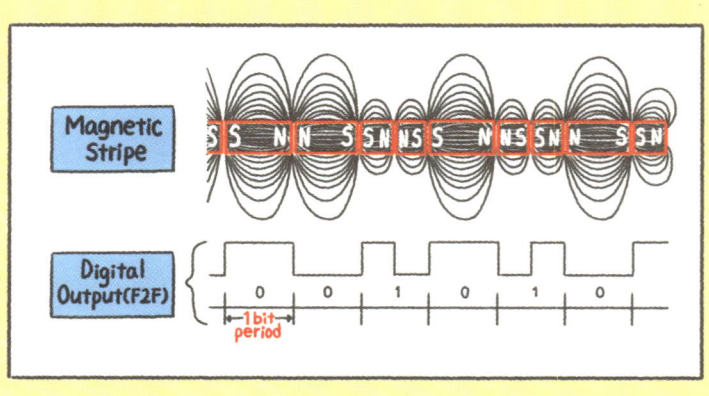

그런데 마그네틱 선은
한글로는 36자 정도의 정보밖에 넣을 수 없는 데다
자성이 있는 물체에 가까이 두면 정보가 지워지기 쉬워.
게다가 복제나 변형도 어렵지 않다 보니
범죄에도 취약하지.
그래서 신용 카드에 IC 칩을 붙인 거야.
IC 칩은 프로그래밍할 수 있어서
복제나 위조에 비교적 안전하지.

신용 카드 IC 칩에는 접촉식과 비접촉식이 있는데,
접촉식은 칩 표면 금속 패턴이
단말기 내부에서 밀착돼야 작동해.
그래서 카드에 붙어 있어야만 결재할 수 있어.
단말기에 칩만 밀어 넣을 수는 없으니까.
비접촉식은 NFC, 즉 근거리 무선 통신 기술을 사용해.
칩만 떼서 단말기에 가까이 붙이면 작동할 수 있지.
터치 방식으로 결제할 수 있는 신용 카드나 교통카드의
IC 칩이 다 여기에 해당해.

교과 연계가 궁금해요

목차	편의점에서 찾은 과학 원리	교과 연계
1. 왜 그 얼음이 더 달고 맛있을까?	물을 얼리는 과정과 원리	3학년 2학기 물질의 상태
2. 내가 산 게 과자야, 공기야?	기체의 성질과 쓰임	6학년 1학기 여러 가지 기체
3. 지금 우리에게 필요한 건?	음료의 종류별 기능과 작용	6학년 2학기 우리 몸의 구조와 기능
4. 쿵푸 팬더가 가장 갖고 싶은 전자제품은?	전자레인지의 작동 원리	6학년 2학기 전기의 이용
5. 예쁜 누나가 먹는 밥은?	음식 섭취와 칼로리	6학년 2학기 우리 몸의 구조와 기능
6. 어떻게 3분 만에 익지?	물과 공기에서 열의 이동	5학년 1학기 온도와 열
7. 캔 우유나 팩 콜라는 왜 없지?	물질별 특징과 용도, 열전도율	3학년 1학기 물질의 성질
8. 까만 막대와 빨간 불빛의 비밀	바코드와 QR 코드의 원리	컴퓨터와 생활
9. 잡았다, 요 녀석!	눈의 구조와 사각지대, 맹점	중학교 3학년 1학기 자극과 반응
10. 형이 창피하대요!	IC 칩과 정보 저장, 통신 기술	컴퓨터와 생활

용어가 궁금해요

대기 (21쪽)

대기란 지구를 둘러싸고 있는 기체의 층을 형성하는 여러 종류의 기체라고 했지? 이 기체들은 지구 중력 때문에 지구에 붙잡혀 있어. 지구 표면으로부터 1,000킬로미터 이상이나 되는 곳까지도 대기가 있는데, 아래쪽이 밀도가 높고 위로 올라갈수록 밀도가 낮아져. 평지에 있다가 높은 산에 올라가거나 비행기를 타면 귀가 먹먹해지는 건 바로, 대기의 밀도가 낮아지기 때문이야.

화합물 (38쪽)

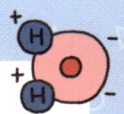

화합물이란 두 개 이상의 원소가 화학적으로 결합해서 만들어진 물질이야. 예를 들어 물은 수소 2개와 산소 1개로 이뤄진 물질이고, 이산화 탄소는 탄소 1개와 산소 2개로 이뤄져 있어. 우리가 알고 있는 원소는 110여 개뿐인데 세상에는 셀 수 없이 많은 물질이 있어. 그건 이 세상 대부분의 물질이 화합물이기 때문이야.

이진수 (69쪽)

우리는 보통 십진수를 사용해. 0~9, 10개의 숫자로 수를 나타내는 거야. 하지만 0과 1, 두 개의 숫자로도 수를 나타낼 수 있어. 오른쪽처럼 수를 2로 계속 나눈 뒤 아래부터 오른쪽으로 올라가며 읽으면 돼. 그래서 6을 이진수로 나타내면 110(이진수 일, 일, 영이라고 읽어.)이지. 십진수를 이진수로 나타내면 숫자가 엄청나게 길어져. 하지만 컴퓨터는 '예', '아니오' 2개의 대답만 갖고 있으므로 이진수를 이용하면 무엇이든 나타낼 수 있어.